Cuento parlantes para niños

Una colección de historias fantásticas y divertidas para sumergir a sus hijos en cuentos mágicos y ayudarles a recuperar su sueño natural

By

JENNIFER DOLL

Tabla de Contenido

Jake y sus nuevos amigos 6

Tommy, el cocodrilo que viajó al espacio 1

El perrito terapista 2

Una aventura submarina 2

Gregory, un gato muy elegante 3

La abeja Nancy y su amigo el escarabajo 4

La agitada boda de Betty y Raphael 5

La banda musical del bosque 6

Bebe gorrión 7

El pájaro flautista 8

La mariposa blanca 8

La tortuga Cloe 9

Valerie la tortuga……………………………..106

El camello y el dromedario………………..113

Las aventuras del pulpo y el cangrejo………….121

Jake y sus nuevos amigos

Érase una vez, en una selva muy lejana, un curioso y aventurero mono capuchino llamado Jake. A él le gustaba mucho salir a recorrer ese lugar todas las mañanas. Su cuerpo estaba cubierto de un pelaje dorado y sus ojos eran de color marrón.

Un día, Jake se encontraba trepado en su árbol favorito comiendo su banana de desayuno cuando algo muy fuerte golpeó su cabeza, a tal grado que cayó desplomado en la tierra

"¡Hey! ¿Quién me ha lanzado …? ¿Con qué me han golpeado?"

Al tocarse la frente, un ligero liquido carmesí ensució su pequeña pata. Jake por unos segundos la miró y cuando imaginó lo que era grito:

"¡Agh! ¡Me han matado!"

Cayó desplomado en el suelo con una pata en la frente y la otra en su corazón

"¡Oh, madre! Solo quiero que sepas que siempre te amaré. Por favor, siempre recuerda lo mejor de mí…"

De repente, todo comenzó a vibrar y un grupo de animales salió de detrás de los grandes arbustos que rodeaban al pequeño mono. Una pequeña elefante grito:

"No se vale, esta vez le toca a Scott"

"Deja de lloriquear, Kira, si no quieres jugar deja que nosotros sigamos en lo nuestro"

El pequeño mono, al escuchar todas esas voces, notó que no estaba muerto, pero a su vez un gran enfado atravesó sus mejillas. Así que se levantó y los siguió. Mientras se columpiaba por las ramas, muy molesto, podía ver cómo los animales jugaban a perseguirse unos a los otros. Por un instante Jake se sorprendió: nunca antes había visto diferentes animales llevándose bien entre sí. Al llegar a un enorme campo, los pequeños animales se detuvieron a descansar y Jake se ocultó entre las hojas de los helechos.

"Owen, ya no quiero seguir corriendo. Siento que me podría comer toda la selva si sigo haciendo ejercicio"

La pequeña elefante se posó en las sombras de uno de los árboles del lugar. La jirafa le respondió, "Kira, no te quejes tanto. Hacer ejercicio no está demás"

"Scott siempre nos gana cuando jugamos", respondió la elefante.

El pequeño leopardo se acercó a Kira y le dijo,"Si hicieras más ejercicio, seguro me alcanzarías"

Mientras el grupo de animales conversaba y reía, Jake se les acercó, aun enfadado por el golpe que había recibido y les dijo,"¿Creen que es muy gracioso estar lanzando cosas al aire sin medir las consecuencias?"

Los tres animales saltaron del susto, pues no esperaban a que un animal tan pequeño saliera de entre los árboles. El leopardo se colocó a la defensiva, la jirafa colocó su mejor cara de rudo y la elefanta fue la única que hablo

"¿Qui-qui-quién eres? Si quieres matarnos como las abejas asesinas, te advierto que ya estamos vacúnados"

Jake soltó una carcajada al escucharla, se disculpó por asustarlos y le informó lo que habían causado horas atrás, pidiéndoles que por favor que tuvieran mas cuidado, pues todos los animales merecían respeto mientras estuvieran descansando. Owen le dijo:

"¿Con que fuiste tú el espantoso ruido que escuchamos mientras pasábamos por los árboles de bananas? Discúlpame, por favor, los chicos siempre me dicen que debo mejorar mi puntería"

El pequeño mono asintió y agradeció por las disculpas. Mientras se conocían, Scott invitó al pequeño a unirse a una aventura, "¿Quieres venir con nosotros a las cataratas azules? La familia de Kira nos espera ahí. Sera divertido, ¡anímate!"

Por un momento Jake se detuvo a pensar, pero su espíritu aventurero lo llevó a aceptar la propuesta y gustosamente trepó hasta el no muy largo cuello de la jirafa. Los cuatro animales se encaminaron a la gran aventura, recorrieron las orillas de diferentes ríos y jugaron con sus reflejos en el agua. Mientras recorrían las colinas, Scott el leopardo dijo:

"El último en llegar al lago con los flamencos, se comerá la comida que he guardado por tres semanas"

Todos salieron corriendo al gran lago, haciendo que los enormes flamencos huyeran al sentir el desorden que se acercaba. Los cuatro entraron agua y terminaron juntos chapoteando por diversión.

El sol se fue ocultando y la luna comenzó su turno en el estrellado cielo. Owen era una jirafa muy ruda; sin embargo, le tenia miedo a los ruidos fuertes. Al caminar por los arbustos con flores, uno muy violento inundó el lugar. Kira y Scott salieron disparados del susto, pero Owen quedó petrificado y Jake tembloroso sobre su cuello

"¿Qué te ocurre? ¡Corre, nos quieren atacar!"

La jirafa, moviendo ligeramente sus labios, contestó

"No puedo…. No puedo moverme"

El sonido se escuchaba cada vez más cerca, y Jake, aún más asustado, dijo

"¿Cómo que no puedes moverte? ¡Corre!"

"No puedo… Sálvate tu"

"No puedo dejarte aquí, te taparé los oídos y tú solo saldrás corriendo, ¿está bien?"

La jirafa no hizo ningún movimiento. En cambio el pequeño mono suavemente trepó hasta donde se encontraban las orejas de Owen, colocó sus pequeñas manos y gritó

"¡Corre!"

Como si lo hubiera escuchado, las patas de la jirafa se pusieron en marcha y corrieron tan rápido que pronto alcanzaron a sus dos compañeros. Kira y Scott no podían creer lo rápido que podría correr su amigo. Cuando estuvieron en un lugar seguro Owen solo pudo decir

"Gracias Jake, si no hubiera sido por tu idea estuviera muerto"

El pequeño mono capuchino asintió y lo abrazó. Todos se ocultaron en una enorme cueva para pasar la noche, hasta la mañana siguiente. La hermosa melodía de los pájaros cantarines despertó a los pequeños animales, avisando que ya era momento de continuar con su travesía. Por un momento Kira se detuvo junto a los árboles de mora para tomar su desayuno, Owen aprovechó para masticar algunas hojas, Scott fue en busca de una presa muy cerca y Jake trepó hasta los bananos más cercanos.

Durante todo el recorrido, los pequeños disfrutaron del hermoso paisaje que le regalaba la naturaleza y Jake agradecía a sus nuevos amigos por invitarlo a conocer esos desconocidos lugares de la selva. Al llegar a un risco, la pequeña Kira gritó:

"¡Ya llegamos! ¡Ahí están mis padres! ¡Venga!"

Con mucho cuidado recorrieron el camino hacia las cascadas, y, cuando llegaron, un hermoso paraíso tropical los esperaba. El grupo de amigos no dudó en unirse al lugar, corrieron hacia el agua cristaliza y comenzaron a chapotear hasta ya no poder más. Y desde ese momento, Kira, Owen, Scott y Jake fueron mejores amigos por siempre.

Tommy, el cocodrilo que viajó al espacio

Hace mucho tiempo atrás, a un pequeño cocodrilo soñador se le cumplió su más grande deseo, ¡viajar al espacio! Desde que salió de su cascarón y vio hacía el cielo; admiró sus impresionantes cambios de colores y se interesó por saber qué había más allá de las nubes y el cielo azul.

Tommy era su nombre: tenía un cuerpo alargado que comenzaba desde su cola y terminaba en su mandíbula, la cual estaba repleta de miles de dientes pequeños y afilados; sus ojos eran grandes, redondos y saltones; la textura de su piel era un poco rústica, a pesar de que era un cocodrilo pequeño, y también lucía unas garras bastante filosas.

Tommy vivía en un lodoso y espeso pantano. Cerca de su hogar, había un gran lago donde le encantaba estar pues era un nadador experto, si de él dependía, pasaba todo el día y la noche en el agua, ya sea enseñándoles a sus amigos sus fabulosas maniobras en el agua o les enseñaba a nadar.

Su mamá Jessy siempre estaba muy pendiente de él. Lo consentía preparándole los más deliciosos panqués cubiertos de miel, ¡eran sus preferidos! Ella también invitaba a los amigos de Tommy, por las tardes cuando nadaban, para que llenaran su panza de un rico panque.

Un día, cuando Tommy regresó del colegio, tenía su mente un poco inquieta y le comentó a su madre, "Mamá, cuando sea grande, quiero ser un astronauta", Jessy quien estaba tomándose una taza de café, quedo un poco intrigada por su comentario y le preguntó a qué se debía tal deseo, entonces el pequeño el cocodrilo le respondió con mucha emoción.

"Hoy en la escuela, la profesora Mary; habló de todas las profesiones que existen en el mundo. Elegimos nuestras profesiones por lo que más nos gusta y nos preparamos para ello en el futuro. Entonces, mamá, ya he estado averiguando lo que hay más allá del cielo: en una clase aprendí que vivimos en un planeta redondo, y fuera de él, ¡existe un enorme espacio!, donde hay planetas, muchas estrellas, una luna, un sol, impresionantes galaxias y miles de cosas asombrosas más. Sin duda, ¡quiero ser un astronauta para viajar al espacio!"

Tommy pasaba los días soñando con poder viajar al espacio, hablaba con su amiga Fonnie la anguila, Lola la pequeña bagre y Jack el caracol; sobre el espacio, estrellas, la luna y todas las maravillas que aprendieron en clase sobre el exterior. Sus curiosas conversaciones le llevaron a Tommy a tener una gran idea.

"A todos nos gustaría visitar el espacio, ¿verdad?", dijo Tommy con entusiasmo.

"¡Por supuesto!, sería lo más que genial que haría en toda mi vida", dijo bastante emocionado Jack el caracol.

"¿Qué tienes en mente, Tommy?", dijo Fonnie la anguila.

"Me alegra que preguntes, Fonnie, porque ¡iremos al espacio!", respondió Tommy.

"¡Sí, al espacio!", dijo Lola con mucha bulla, pero luego de unos segundos, reaccionó sorprendida diciendo, "¡Esperen!, ¿al espacio?... ¿cómo haremos eso?"

Luego de que Tommy les explicara a sus queridos amigos, con mucha emoción, los planes para viajar al espacio, todos se entusiasmaron con la idea y comenzaron a buscar ramas, un tronco mediano donde pudieran entrar cómodamente, lianas resistentes para amarrar y utilizarlos como cinturones para armar, y así construir: ¡un cohete!

Antes de regresar todos a casa, dejaron el cohete de tronco debajo de un gran árbol, ¡pero algo trágico pasó esa noche! Una fuerte lluvia cayó en el pantano: derrumbando árboles, inundando hogares que se encontraban a las orillas de los lagos, volviendo más lodoso y complicado caminar por el lugar y, ¡destruyendo completamente la nave que, con tanto esfuerzo, hicieron los pequeños el día anterior!

Al día siguiente, cuando Tommy el cocodrilo se encontró con la triste realidad que yacía hundido y destruido en el fango, su mente enfureció y su corazón se entristeció, sollozando dijo, "¡Todos mis sueños se fueron al lodo!", y corrió de regreso a casa. Jessy lo esperaba en casa y notó lo alterado que venía Tommy, entonces le preparó sus panqués preferidos con una deliciosa taza caliente de chocolate para tranquilizarlo un poco.

"Cuéntame, mi pequeño, ¿qué ocurrió que te trae tan alterado?", le preguntó mamá cocodrilo a Tommy.

"¿Recuerdas el cohete que construí junto a Lola, Fonnie y Jack ayer?, bueno, la fuerte lluvia de anoche lo destruyó y arruinó todo nuestros planes, ya no creo que podamos ir al espacio", le contó Tommy a su madre.

"Claro, tampoco creo que puedan hacer su viaje con un cohete todo roto pero, ¿Qué te parece si tú y yo hacemos que eso cambie?", le dijo mamá cocodrilo subiéndose a la cama y luego dio saltos diciendo, "¡Será el doble de grande y fuerte!, tendrá muchos detalles llamativos para que todo el espacio sepa que Tommy y Jessy cocodrilo están allí, ¿Qué me dices, pequeño?"

¡Tommy no dudo ni un segundo! Corrió, brinco y se divirtió mucho con su mamá en el cuarto esa tarde. Al otro día, muy temprano, madre e hijo estaban listos para salir a construir su nave espacial mejorada: juntaron ramas por aquí, amarraron hojas por allá, ¡vaya que todo quedó fantástico!

Preparándose para despegar, mamá cocodrilo le cosió a Tommy un precioso traje verde que le quedó bastante gracioso, y le hizo un casco perfecto para su viaje, ¡La emoción del pequeño cocodrilo era gigante! Ya se sentía listo para viajar al espacio, pero al ver a Jessy sin traje le preguntó, "Mamá, ¿dónde está tu traje espacial?", y ella le respondió con dulzura, "Mi pequeño Tommy, te ayudé y siempre te ayudaré de alguna manera en construir tus sueños, ahora te toca a ti ir y disfrutar ese logro. Hoy no te acompañaré en tu viaje pero estaré desde aquí, feliz y orgullosa por ti, ¡diviértete!"

Tommy se despidió de su madre y ahora si estaba más que listo para despegar; se encontraba en el cohete y comenzó a contar en cuenta regresiva, "Despegamos en 3, 2, 1… ¡al espacio!"

Tommy el cocodrilo salió disparado hacia el cielo atravesándolo y, finalmente, el pequeño que soñaba con viajar al espacio se encontraba flotando, en una hermosa nave de tronco, en el gran universo. Cuando regresó nuevamente al planeta, les contó a todos las maravillas que vio y visitó.

Desde ese día, Tommy estudió y se preparó para cumplir su nuevo sueño: ¡ser un astronauta!

El perrito terapista

En una pequeña ciudad alegre y habitada por muchos animales maravillosos, vivía un hermoso cachorrito que habia nacido cerca de una clínica de ayuda técnica y asistencia de apoyo a personas con ciertas discapacidades. El creció viendo cómo entrenaban a los canes que llevaban para su formación, adiestramiento y preparación para asistir a personas con discapacidades físicas y psicológicas. El pequeño cachorrito había nacido en la calle, pero era un perrito muy juguetón y felíz. Los trabajadores de la clínica siempre les daban alimentos y mucho cariño, desde el otro lado de la gran cerca metálica que los separaba.

El pequeño había nacido de una camada de cuatro traviesos cachorritos. Era de color marrón clarito, tenía unas orejas algo largas y era de pelo largo y brillante. Era un perrito mestizo, había heredado algunas características de su padre que era Pit bull y algo de su madre, que tambien era mestiza, pero tenía muchos rasgos del Golden Retriever. Por esa razón, el pequeño cachorrito tenía un poquito de pit bull y cara de golden, era encantador. Sus patas delanteras habían sufrido una mala formación, eran largas y arqueadas, por esa razón todos lo llamaban Cambas, y él respondía muy feliz a ese nombre.

A pesar de la mala formación de sus patas delanteras, a él le encantaba saltar y correr aunque eso le producía algo de dolor, a él no le importaba ni le impedía pasar el día haciendo travesuras con sus alocados saltos y correteando detrás de sus hermanos. Por lo demás era un perrito bastante saludable y alegre. Amaba jugar con los niños y le encantaba estar rodeado de personas.

El travieso cachorrito era muy inteligente, le gustaba observar todo lo que los entrenadores les enseñaban a los perros que entrenaban en la clínica y luego lo repetía con mucho éxito. Los perros ya entrenados siempre le deciían a través de la gran cerca metálica que los separaba, "vaya, si que eres muy inteligente, sigue así y pronto serás uno de nosotros". Pero lo cierto es que, no era tan sencillo entrar a la clínica, pues los porteros no dejaban que los perros callejeros ni siquiera se asomaran a la puerta. El siempre les decia a todos, "¡algún día entraré a esa gran cancha para ser entrenado y ganaré ese hermoso chaleco que me identificará como un perro terapista y de asistencia y me colocarán una medalla por ser el mejor!". Todos se reían del pequeño cachorrito, sobre todos sus traviesos hermanos que le decían, "vaya, que si te gusta soñar, ¡jajaja!, te ganarás una medalla, pero por ser el mejor soñador", todos se reían a carcajadas del perrito, pero el pequeñin no se desanimaba, él lo deseaba con mucho anhelo y lo lograría.

Un día el pequeño tramó un plan para colearse y poder entrar a la tan asiada cancha de entrenamiento para perros. Cambas, pensó que si ponía en práctica lo que había aprendido observando a los entrenadores desde fuera de la cancha, tal vez encontraría a alguien que quisiera adoptarlo para que lo llavara al centro de entranamiento y así ganarse su gran chaleco de terapista. Así que puso su gran plan en marcha y comenzó a ayudar a todas las personas que lo necesitara. Se iba al supermercado cercano al centro de asistencia y ayudaba a personas con algunas discapacidades. Si llegaba una persona mayor, Cambas le ayudaba a avisandole si corría algún peligro o le guiaba por donde dirigirse sin correr riesgos de accidente.

Pero no era tan sencillo como él pensaba, no lo dejaban entrar al supermercado porque algunas personas se asustaban y lo ahuyentaban pensando que los podía morder, otros lo corrían porque decían, "eres un callejero pulgoso". Pero, él no se rendía. Y seguía ofreciendo su ayuda a toda persona que lo necesitaba y se la aceptara. estaba en su corazón. Cambas era de verdad un gran perro de asistencia. En el supermercado lo fueron aceptando y los usuarios y trabajadores del sitio comenzaron a quererlo mucho y le regalaban ricos premios.

Así pasaba la vida del pequeño Cambas, siendo amable y ayudando a las persona, eso lo hacía muy feliz. pero seguía guardando en su corazón la esperanza de entrar al centro de entrenamiento. Un día, llega al supermercado un niño como de seis años acompañado de su mamá. Él era un pequeño con algunas necesidades especiales y Cambas se sintió fuertemente atrído por el pequeño. El chico y Cambas hicieron clip enseguida que se conocieron, y se volvieron mejores amigos. El niño iba todos los día a visitar a cambas al supermercado, y sus padres lo llevaban porque observaban que la compañía del cachorrito le hacía mucho bien al niño. Así que un buen un día el pequeno les dijo a sus padres que quería llevarse al cachorrito a su casa y sus padres lo aceptaron, Cambas estaba muy feliz de tener un hogar junto al pequeño amigo.

Al poco tiempo, estaban paseando por el parque donde Cambas vivió, y vió la gran cancha de entrenamiento que justo estaba al lado del parque, el cachorro comenzó a ladrar y saltar de emoción y los guió hacia su entrada, entonces, los padres del pequeño comprendieron que el cachorrito les estaba pidiendo que entraran, y así lo hicieron. Buscaron información sobre cómo entrenar al pequeño Cambas y lo inscribieron para iniciar su entrenamiento.

Cambas por fin comenzaría sus clases y cuando todos los demás perros lo vieron entrar lo felicitaron, "bienvenido Cambas, sabía que lo lograrías". Todos lo ayudaron a convertirse en un gran perro terapista.

Llegó el gran día que tanto había esperado el gran Cambas: le colocarían por primera vez su gran chaleco que lo identificaría como un perro terapista y de asistencia, y su amigo le colocó su valiosa medalla de honor con su nombre "Cambas" por ser el mejor perro terapista . El cachorro, ahora tenía diez meses de edad y se había logrado cumplir su gran sueño de estudiar para ser un perro de asistencia a personas con necesidades especiales. El buen perro ayudaba a su pequeño dueño a tener más confianza, y mantenerlo calmado y ahora era un niño muy feliz y más seguro, el perro lo había enseñado a tener resposabilidades con él, y Cambas con su pequeño dueño. Juntos eran un dúo maravilloso.

Ahora El gran Cambas podía entrar a todas partes con su maravilloso chaleco de identificación y su medalla de honor. Nunca más fue ahuyentado ni rechazado de ningún sitio y todos lo amaban por ser valiente y muy inteligente. Cambas iba por la calle y veía a alguna persona en peligro y enseguida corría a ayudarle, ¡era el gran Cambas el perro terapista al rescate!.

Una aventura submarina

Érase una vez, un pequeño gato muy amigable y juguetón, su nombre era Sam y este siempre se encontraba teniendo divertidas y emocionantes aventuras junto a sus amigos, tenía unos ojos color azul cielo, un esponjoso y suave pelaje blanco, una larga y peluda cola y unas diminutas patitas de bebe ya que este solo tenía 9 años. ¡Oh Sam era de verdad un gatito encantador, y muy aventurero además!

Sam disfrutaba de jugar con sus amigos en la ciudad donde vivían, a menudo se la pasaban jugando en los columpios del parque o jugando a las escondidas, este último era el juego preferido de Sam, ya que, al ser un gato, era muy ágil y podía esconderse donde el quisiera. Hubo una vez en que mientras jugaban, a su amigo Danny el perro le toco buscar a Sam en las escondías, ¡Sam paso horas escondió encima de un poste y nunca lo descubrieron!, "¡caray Sam, de verdad que eres el mejor en este juego!" Dijo Danny el perro, "¡gracias amigo, pero hoy de verdad se me antoja hacer algo diferente!" Dijo el pequeño gato.

Ese mismo día empezó a hacer un calor tan intenso que ni el helado más delicioso lograba enfriar un poco el clima, con tanto calor no provocaba ni siquiera jugar a las escondidas, pero gracias a eso, a Sam se le ocurrió una gran idea, este dijo, "¡tengo una idea amigos! ¿Qué tal si nos vamos al parque acuático?" A todos los amigos de Sam les encantó la idea y se dirigieron a toda prisa al parque acuático, ¡la diversión y el calor no esperan por nadie!

Al llegar al parque, todos se encontraron con una desagradable sorpresa, el parque cerro debido a que toda la ciudad se quedó sin agua por alguna extraña razón, Danny le dijo a Sam, "¡Oh amigo esto es terrible! ¿Qué haremos ahora?" Después de mucho pensarlo el pequeño gato dijo, "creo conocer a alguien que puede ayudarnos con esta situación" y dieron marcha en búsqueda de ese alguien.

Sam y Danny se dirigieron al muelle de la ciudad, allí Sam encontró cerca de los botes a un gran amigo suyo, este era Marvin el pez globo, Marvin les dijo, "Sam, Danny ¡es un gusto verlos por aquí hoy! ¿Qué los trae a mi humilde muelle?" Sam le respondió, "¿tienes alguna idea de porque no hay agua en el parque acuático?" Al escuchar la pregunta les respondió, "Oh amigos, me temo que con todo el calor que está haciendo, la presa de la ciudad se empezó a derretir. Por eso no hay agua en ningún lado" impactado por sus palabras Danny el perro dijo, ¡eso es terrible, necesitamos agua amigos! Marvin le contesto, "yo tengo las herramientas para repararla, pero necesitare ayuda, y solo podemos repararla desde el fondo del mar", al escuchar esas palabras, Sam no lo dudo más y dijo a toda voz, "¡pues la repararemos, es hora de recuperar el agua de la ciudad!" ¡y así dio inicio a su acuática aventura!

Marvin no era un pez globo común y corriente, ¡era un pez globo mágico! El pequeño pez uso su asombrosa magia y convirtió a Sam y Danny en animales mitad pez para que pudieran respirar bajo el agua, "¡oye mírame Danny, ahora soy un pez gato de verdad! "dijo el ahora pequeño pez gato, a lo que el pez perro le contesto, "¡es increíble! Y yo que pensaba que los gatos odiaban el agua " una vez todos podían respirar bajo el agua, se dirigieron a la presa para poder repararla.

Al llegar a la presa nadaron alrededor de ella para tratar de averiguar cuál era la avería. Finalmente, luego de mucho buscar Marvin encontró la falla en la presa, "¡vengan a ver esto muchachos!" Dijo el pez globo, la presa se había derretido tanto por el calor que varias tuberías terminaron rotas, los amigos querían repararlas, pero justo en medio de las tuberías, se encontraba un aterrador pulpo gigante obstruyendo el paso, ¡vaya problema!

Danny dijo, "¡esto es imposible amigos, no hay manera de que reparemos las tuberías con ese pulpo frente a nosotros!" A lo que Sam valientemente respondió, "¡nunca digas nunca amigo. ¡Yo distraeré al pulpo, ustedes encárguense de reparar las tuberías!" De esta manera el pequeño pez gato despertó al pulpo de su siesta, este se veía muy enojado y comenzó a perseguir a Sam mientras los demás se encargaban de arreglar la presa.

"¡Oye vamos, eres muy lento pulpito, atrápame si puedes!" Dijo Sam mientras nadaba a toda velocidad escapando del enojado pulpo. Finalmente, ambos llegaron a una cueva marina sin salida, todo parecía perdido, pero actuando rápidamente, Sam utilizo sus habilidades en el escondite y se ocultó entre las rocas de la cueva. El pulpo lo busco sin parar, ¡pero no era rival para las grandes habilidades del pequeño pez gato! Luego de mucho tiempo de buscarlo, el pulpo termino por aburrirse y se fue del lugar nadando muy lejos.

Sam regreso victorioso con sus amigos a la presa de la ciudad ya finalmente reparada, Marvin dijo, "Sam eso fue increíble, te enfrentaste tu solo a un pulpo gigante, de verdad eres el gato más suertudo que conozco! " a lo que Sam respondió, "no hubiera logrado nada si ustedes no se hubieran quedado a reparar las tuberías, ¡ustedes son los verdaderos héroes!" Con esto los tres amigos se abrazaron y celebraron el por fin haber arreglado la presa y haberle devuelto el agua a la ciudad.

Finalmente, luego de su aventura, los tres amigos volvieron al parque acuático, los dueños del parque se enteraron de sus acciones heroicas, y en recompensa, ¡les dieron pase gratis para el parque y, además, todo el delicioso helado que pudieran comer! ¡una gran recompensa por un trabajo bien hecho!

Y así, pasaron ese caloroso día comiendo los más deliciosos helados y deslizándose por los mejores toboganes de agua de la ciudad, Sam dijo, "¡ser un pez gato fue algo genial, mañana quiero jugar a las escondidas con otro pulpo gigante!"

¿De verdad creen que lo volvió a hacer? ¡pues claro que sí, recuerden que los gatos tienen 9 vidas!

Gregory, un gato muy elegante

Esta es la historia de un gato muy distinguido llamado Gregory que vivía como un rey. Como sus dueños eran unos de los señores más ricos de la ciudad, Gregory era bastante consentido y presumido.

Acostumbraba a usar bufandas, todas a la última moda, lo que lo hacía lucir atractivo y elegante. Era tan sofisticado este gato, que cuando sus dueños daban paseos en su limosina y montaban al minino, éste se sentaba como un gran señor sobre un cojín especialmente dispuesto para él, en el puesto de atrás. Desde allí Gregory podía ver gran parte de la ciudad, con su tráfico, su gente y sus luces.

Una noche los Clayton mandaron a alistar su limosina. Se les había presentado una emergencia, pero Gregory, pensando que sus amos iban a dar un paseo, abordó el vehículo como de costumbre. La limosina salió a toda velocidad, y cuando giró bruscamente en una curva muy cerrada, el gato salió despedido por la ventanilla sin que los Clayton se dieran cuenta.

Gregory aterrizó en unos sacos de arena que estaban en un callejón oscuro. Y como hay un dicho que dice que los gatos siempre caen de pie, Gregory no sufrió ni un solo rasguño en el accidente.

Pero el pobre gato estaba aterrado. Nunca había estado sólo, fuera de su casa y en medio de la noche. Unas ratas que pasaron por allí lo vieron y salieron corriendo rápidamente, porque pensaron que el gato se las comería, pero éste solo comía pescado, y del mejor.

En eso Gregory divisó unos gatos callejeros bastante deslucidos que estaban sobre un tejado. Uno era marrón claro con manchas negras y el otro era negro como el azabache. Los dos contemplaban la luna, embelesados.

Raúl, el de manchas, decía, "Mira que hermosa está la luna, compadre". Y el negro, cuyo nombre era James, le respondía, "Sí, mi amigo, mira como lo ilumina todo, y lo bien que se refleja en ese estanque".

Gregory, que lo estaba escuchando todo, subió al tejado de un salto y con aires de superioridad les dijo, "Las luces de la ciudad son mucho más hermosas, son de muchos colores e iluminan las casas, hoteles y comercios".

Los dos gatos callejeros voltearon al unísono a ver a Gregory y, como por obra del destino, en ese mismo instante se fue la luz en la ciudad, a lo que James reaccionó diciéndole a Gregory, "¿Dónde están tus luces ahora?, como verás, la luz de nuestra luna nunca se apaga, mientras que con las de la ciudad, nunca se sabe".

Gregory quedó pensativo, era demasiado orgulloso para admitir que esos gatos callejeros, pobres y desarreglados, fueran más inteligentes que él.

"¿Y se puede saber de dónde saliste, compadre?", preguntó Raúl dirigiéndose al recién llegado.

"Creo que mi dueño me dejó aquí por accidente", contestó Gregory.

"¿Por accidente? ¿Estás seguro? ¿No será que querían deshacerse de ti?"

"Por supuesto que no, soy demasiado importante como para ser abandonado", dijo el gato ricachón.

"Bueno, entonces seguramente pronto tus amos vendrán por ti, así que nosotros nos vamos" argumentó James.

"¡Esperen por favor, no me dejen aquí solo!, llévenme con ustedes", exclamó Gregory desesperado.

A Raúl y a James no les agradó mucho la idea, pero igual dejaron que Gregory los acompañara.

Los gatos callejeros corrían rápida y ágilmente por los techos y los paredones, mientras Gregory hacia su mejor esfuerzo para no quedarse atrás, hasta que ¡pum!, se cayó de un tejado y fue a parar en un pantano.

"¡Esto es demasiada humillación para mí!", exclamó Gregory indignado, mientras los otros gatos lo miraban divertidos.

De pronto, Gregory sintió que lo halaron de un tirón por su bufanda. Y una voz melodiosa le dijo, "Por cómo te expresas, lo más probable es que seas uno de esos gatos de sociedad que no saben ni nadar, así que deberías darme las gracias por haberte sacado del agua".

Gregory se volvió para mirar a su rescatista. Y lo que vio lo dejó ensimismado: era la gata más bella que jamás había visto en su vida. Su pelo era blanco como la nieve, con unas manchitas negras y unos ojos verdes tan hermosos que parecían dos esmeraldas.

"Muchísimas gracias, mi bella minina", dijo Gregory, mientras veía admirado a la gata.

Todos los gatos pasaron una velada muy animada esa noche, contando historias y persiguiendo ratones, excepto Gregory, quien sólo soñaba con comerse unos apetitosos pescados, porque estaba muy hambriento.

Al amanecer, la pandilla de gatos se dirigió a un mercado en búsqueda de alimentos para el hambriento Gregory. Allí, estando los gatos ordenaditos maullando frente a un puesto donde esperaban que alguien les diera de comer, una niña muy humilde se fijó en Gregory y su bufanda. Le gustó tanto el coqueto gato, que lo tomó en sus brazos y se lo llevó para su casa, mientras Raúl los seguía sin que ellos lo notaran.

La casa de la niña no era un lugar lleno de lujos, comodidades y abundante comida, como la mansión de dónde provenía Gregory, pero allí, el felino se sintió tan lleno de amor y atendido, que decidió quedarse para siempre.

Como Raúl y James sabían a dónde había ido a parar su ostentoso amigo, fueron un día a visitarlo. Gregory se emocionó mucho al verlos y aprovechó para preguntarles por la gata de aquella noche. "Fue adoptada por una familia rica, compadre", le dijeron. "Creemos que por la vida de abundancia que ahora lleva, ya no va a querer regresar a este vecindario".

"Es una pena", dijo Gregory. "Yo viví antes en una familia como esa, y por mas comodidades y comida que tenía, nunca me sentí más feliz que ahora, con esta familia y con ustedes".

"Nos da gusto escuchar eso amigo, pero tenemos una gran curiosidad, ¿qué pasó con tu bufanda?"

Gregory soltó una carcajada "Ya no la uso más, pero si supieran que si no hubiera sido por ella, tal vez la niña que me adoptó, no se hubiera fijado en mí aquel día en el mercado".

La abeja Nancy y su amigo el escarabajo

Érase una vez un escarabajo llamado Tomas que deambulaba entre las flores de un jardín. Como su alimento preferido era el polen que extraía de las flores, Tomas acostumbraba a merodear alrededor de éstas esperando que abrieran sus pétalos y dejaran expuesto tan exquisito alimento.

Este escarabajo era grande y pesado, de color marrón oscuro metalizado; tenía ojos pequeños y dos antenas muy graciosas. Cierto día en la mañana, cuando Tomas se acercó a las flores de una planta del jardín para tomar su ración de alimento, notó con asombro que éstas seguían cerradas. Esto le extrañó mucho, por lo que le preguntó a la planta, "Señora Margaret, buenos días ¿Puede explicarme, por favor, qué le sucede hoy? ¿Por qué aún no han abierto sus flores?"

A lo que la planta respondió, "No lo sé, señor escarabajo, yo creo que es porque el día amaneció frío y nublado, lo cual no nos hace bien a las plantas de esta región".

Margaret era una rozagante planta del jardín que diariamente abría algunas de sus flores, cuyos grandes y hermosos pétalos amarillos dejaban impresionados a todos.

"¿Entonces quiere decir que hoy no abrirán sus flores en todo el día?", preguntó preocupado el escarabajo.

"Si el clima cambia un poco, supongo que sí, don Tomas", contestó la planta. "¿Por qué no pasa más tarde? Puede que para entonces los pétalos de mis flores ya hayan abierto".

"Está bien", dijo el escarabajo, "Regreso más tarde".

Poco después se acercó a Margaret una simpática abeja, quien también se extrañó de ver las flores cerradas. Curiosa, entonces, le dijo, "Señora Margaret, veo que aún no ha abierto sus flores hoy, ¿se siente bien?"

Margaret, un poco apenada, le respondió a la abeja, "Me siento muy bien, querida amiga, pero por alguna razón hoy no he podido abrir mis flores, yo creo que es por el frío. ¿Podrías volver más tarde, por favor?

La abeja le respondió, "Por supuesto, señora Margaret, no hay problema".

Pero más tarde, cuando Tomas y la abeja se dirigieron nuevamente a visitar a la planta, unas enormes gotas de lluvia comenzaron a caer desde el cielo y empezaron a empapar los cuerpos de los dos animalitos, a quienes no les quedó más remedio que guarecerse bajo una gran hoja acorazonada del jardín. Al encontrarse los dos insectos bajo la misma hoja, en tan curioso aprieto, no les quedó más que mirarse el uno al otro y sonreír.

"¿Cómo te llamas y a dónde te dirigías con tanta prisa?", preguntó la abeja. Y el escarabajo respondió, "Mi nombre es Tomas, e iba a visitar a Margaret, para alimentarme del polen de sus flores".

"Yo también iba a casa de Margaret en búsqueda de polen fresco para llevarlo a mi colmena", dijo la abeja. "Cuando lo hago, lo pongo en estas útiles cestas que tengo en mis patas traseras, ¡Mírelas!". Y la abeja le mostró orgullosa sus cestas al escarabajo.

"¡Que hermosas cestas tienes, abeja!", exclamó Tomas. Y luego le dijo en tono un poco triste, "Yo no transporto polen, me lo como al momento cuando visito la flor, y soy tan pesado que sólo puedo posarme sobre flores grandes como las de Margaret. Lamentablemente, hoy no abrió ninguna de ese tipo en el jardín, por lo que no he podido comer nada y tengo mucha hambre".

"Oh, qué pena, Tomas. No te preocupes, yo te ayudaré", dijo la abeja.

"¿Cómo podrías, abeja?", preguntó el escarabajo.

"En mi colmena tenemos mucho polen, además de una rica miel que mis hermanas y yo preparamos, así que yo, Nancy, la abeja obrera, te invito a mi colmena a compartir con nosotras".

La propuesta de la abeja emocionó mucho al escarabajo, pero sintió cierto temor de ser espantado por las otras obreras, quienes defienden celosamente sus colmenas, y de los zánganos, unas abejas grandes que también custodian y dan calor al lugar.

"¿Y si tus hermanas me atacan al verme? Recuerda que, en comparación con ustedes, soy enorme y debo ser muy atemorizante... ¡Y ustedes pueden ser muy bravas cuando quieren!"

"Ja, ja, no te preocupes, amigo escarabajo, yo me adelantaré para avisarle a mis hermanas sobre tu visita", respondió Nancy muy sonriente.

Ya la lluvia había cesado, así que Nancy salió volando velozmente para su colmena a preparar la bienvenida al escarabajo. Al volver, dijo a su amigo, "¡Listo, todo arreglado!"

Cuando llegaron a la colmena, un sinfín de abejas obreras salió a recibirlos. El escarabajo estaba impresionado. Nunca había visto unos insectos tan ordenados y responsables en sus labores. Todas las abejas allí se dedicaban a cuidar con esmero a sus hermanas pequeñas.

De pronto se acercaron a él dos abejas con unos atractivos cuencos llenos de miel y de polen.

"Tome, señor escarabajo, son para usted", le dijeron.

Tomas, que estaba muy hambriento, comió con todo gusto lo que le ofrecieron. Dio las gracias a las abejas y luego se fue con Nancy a dar una vuelta por el panal.

"Ella es nuestra abeja reina", dijo Nancy al escarabajo, y le mostró una abeja con la panza enorme que lo miró con ojos de ternura.

"Bienvenido a nuestra casa", dijo la abeja Reina, "Espero que la esté pasando muy bien".

"¡Oh, sí, señora reina! ¡Estoy muy a gusto con ustedes!", dijo Tomas.

De pronto, un fuerte v

iento empezó a sacudir la colmena. Todas las abejas se asustaron mucho, porque pensaron que el viento haría caer el panal, pero esto no sucedió porque en un santiamén el escarabajo voló hacia afuera y con su gran fuerza ayudó a otras abejas a sostenerlo.

"¡Urra, señor escarabajo!", gritaron todas las abejas al unísono. "Usted es nuestro héroe."

El escarabajo se sentía feliz y muy importante. Por primera vez se daba cuenta de la necesidad de compartir y ayudar a los otros insectos. Así que, desde ese día, luego de regresar a la cueva donde vivía, decidió que a partir de ese momento se preocuparía más por los demás y los ayudaría en todo lo que pudiese.

La agitada boda de Betty y Raphael

En una laguna vivían dos peces muy enamorados que querían casarse, pero no tenían los medios necesarios para realizar la boda. Así que un grupo muy nutrido de animales de la charca y de los alrededores, se reunieron en asamblea para discutir el caso.

El señor cocodrilo, que era el Presidente de la asamblea, tomó la palabra, "Estimados amigos de esta charca y de comunidades aledañas, nos hemos reunido hoy para discutir un caso muy particular: nuestros amigos Betty y Raphael, los peces, quieren casarse, pero no tienen recursos con los cuales celebrar la boda, así que se escuchan sugerencias".

Los animales emocionados fueron dando uno a uno sus opiniones.

"Mis hermanas y yo podemos cantar todo el tiempo que dure la fiesta", dijo una rana muy parrandera que vivía cerca de la charca.

"Y nosotros podríamos servir como camareros esa noche", dijeron unos renacuajos.

"Por las luces no se preocupen, nosotras podemos alumbrar", comentaron las luciérnagas.

Un camarón de agua dulce intervino para decir, "Yo puedo ayudar a encontrar comida para los invitados"

Y varios lagartos muy robustos ofrecieron sus servicios como vigilantes nocturnos.

"Podríamos usar las hojas de algunos nenúfares como mesas y sus hermosas flores como adornos", dijo un pez.

En un santiamén, la asamblea de animales había resuelto todo lo concerniente a la boda. Enviaron a un emisario para llevar la noticia a los novios, quienes, al escucharla, saltaron de alegría sobre el agua.

Llegó el día de la boda, la noche estaba hermosa, los novios estaban más radiantes que nunca, los invitados ya se habían acomodado y las ranas se disponían a cantar con todas sus ganas.

Pero entonces, ocurrió algo que los organizadores no había previsto, unos frutos redondos y pesados provenientes de un árbol que estaba sembrado a la orilla de la laguna, empezaron a caer y a crear ondas en el agua, levantando enormes gotas que mojaban a los invitados.

"¿Qué es esto?", exclamaron desconcertados algunos.

"Están lloviendo frutos", decían otros.

Para completar el cuadro, unos murciélagos que no estaban invitados, pasaron en vuelo rasante por la superficie de la laguna para comerse los frutos y alborotaron bruscamente el agua.

"¡Oh no! ¿Y ahora qué haremos? Nuestra boda se arruinará" dijo la novia.

Un búho que observaba el evento desde un árbol, les dijo, "Si colocan un red encima de la laguna ésta podría contener a los frutos".

"¡Esa es una excelente idea!", exclamó un pez. "Pero, ¿quién podría hacer esto y a estas horas?"

"Yo tengo unas amigas que podrían ayudarlos. Si algunos cocodrilos levantan al mismo tiempo una red con sus trompas, mis amigas, las aves nocturnas, podrían amarrar los extremos de la red a esos árboles", dijo convencido el búho.

"¡Que ingenioso es usted señor búho! ¿Pero dónde vamos a conseguir una red y cuerdas para amarrarla?", dijo una rana.

Unas arañas que miraban desde unos arbustos dijeron, "Nosotras podríamos tejer la red".

"¡Oh! ¿Harían eso por nosotros, señoras arañas?", preguntó el novio.

"Por supuesto, a nosotras nos encantan las bodas", respondió una araña muy coqueta.

"¿Y las cuerdas donde las hallaremos?, preguntó uno de los invitados.

"A orillas de ese rio crecen unas lianas muy resistentes que podrían servirles", dijo el búho.

"Excelente don búho, pero ¿quién las cortará?", preguntó un camarón.

"Eso sí que está difícil de responder", dijo una rana con los ojos desorbitados.

Ya los animales estaban a punto de desistir de sus esfuerzos por salvar la boda. Algunos comenzaron a discutir sobre la posibilidad de aplazar la boda para otro día.

Los novios se miraban con tristeza y estaban perdiendo la esperanza de casarse.

De repente, como caídos del cielo, aparecieron unos monos. Se habían acercado curiosos a la laguna atraídos por las luces de las luciérnagas. Al ver lo que les pareció una fiesta y la cara de preocupación de los novios, los monos preguntaron, "¿Qué pasa? ¿Por qué esta fiesta está tan triste?".

Y la novia respondió llorosa, "Tenemos ciertos inconvenientes para celebrar nuestra boda, señor mono". Y los animales explicaron el problema a los monos.

"No se preocupen, nosotros podemos cortar las lianas con unas piedras y podemos ayudar a atar la red a los árboles".

"¡Urra!", gritaron todos los invitados. "Ahora sí Betty y Raphael podrán convertirse en esposos".

Todos los animales se pusieron a trabajar organizadamente. Las arañas tejieron una red muy grande que cubrió a los novios e invitados, y los cocodrilos, junto con los monos y las aves nocturnas, alzaron y ataron la red después de mucho bregar.

Las ideas y el esfuerzo de todos valieron la pena. La red sostuvo los frutos con efectividad y el agua de la charca comenzó a calmarse.

En cierto momento, cuando todos los animales estaban quietos y en silencio, el cocodrilo dijo muy serio, "Escuchen todos, hoy la naturaleza sin querer nos ha causado algunas dificultades, pero la unión de todos los habitantes de la charca, junto con las sabias ideas del señor búho y la colaboración desinteresada de las arañas, las aves y los monos, me ha hecho pensar en que, y si los novios están de acuerdo, todos estos animales que nos ayudaron, deberían ser invitados a la fiesta"

Los novios aceptaron gustosos la propuesta del cocodrilo, porque estaban muy agradecidos con todos los animales de su charca y de los alrededores.

Se retomó entonces la ceremonia. El señor grillo, quien fungía de sacerdote, tomó su lugar en una hoja, seguido por los novios, quienes nadaron ansiosos hacia ésta. Los invitados se acomodaron a toda prisa y las ranas se acicalaron para entonar la marcha nupcial.

De pronto, en medio del silencio, se escuchó un grito, "¡Un momento!"

Y todos los invitados voltearon asustados.

"No pueden comenzar sin mí", dijo una libélula que había llegado tarde a la boda.

"Ah eres tú", dijo uno de los cocodrilos que había estado ayudando a levantar la red. Y agregó, "Qué alivio, porque lo que soy yo, no pienso volver a levantar con mi trompa otra red en lo que me resta de vida, me duele mucho el cuello y no aguanto la espalda".

Todos soltaron la risa, y por fin se pudo escuchar al rato un emotivo, "¡Sí, acepto!"

La banda musical del bosque

Érase una vez una ardilla, un mono y un conejo que querían armar un grupo musical.

Una mañana, mientras conversaban animadamente sobre esta extraordinaria idea, el conejo dijo:

"Amigos, lo primero que debemos hacer para crear nuestra banda es seleccionar los instrumentos que cada uno de nosotros va a tocar".

"Sí, yo amo la batería", exclamó emocionado Billy, el mono.

"Y a mí me gusta la flauta", dijo la ardilla Judy.

"Necesito algo que suene fuerte para poder armar mi batería", dijo el mono Billy.

"Puedes usar algunos cocos y unos palos para tocar", sugirió el conejo Bud.

"Yo construiré mi flauta con los tallos de aquel bambú", dijo la ardilla Judy.

"Oye, conejo, si le das a tus patas traseras contra el suelo, esto podría servir para generar algunos tonos bajos", propuso Billy.

"¡Ja, ja, seguro que sí!", respondió el conejo Bud.

"Oigan, amigos, necesitaremos un cantante para nuestra banda", comentó la ardilla.

"Preguntemos al Ted el canario, él sabe cantar muy bien", opinó Billy.

Los animales se dirigieron entonces a preguntar al canario. Y luego que éste aceptara la invitación, convinieron en reunirse un día para el primer ensayo.

Pronto la banda estuvo organizada y lista para ensayar. Billy se encargaría de la batería, Judy tocaría la flauta, el conejo haría un bajo con sus patas y el canario cantaría. Escogieron un lugar hermoso, iluminado y fresco para ensayar, bajo la sombra de un gran árbol. Pero enseguida que comenzaron a practicar, se escuchó una voz aguda en tono de reclamo:

"Oigan, ¿podrían irse con su música a otro lado? Era una enfadada y gruñona ardilla que se asomó desde su cueva en el árbol.

"¡Oh, disculpe señora ardilla, no quisimos molestarla!"

La ardilla, quien aún seguía medio enfadada, les sugirió, "Creo que deberían escoger un lugar bien lejos donde no puedan molestar a nadie".

Los animales entonces se mudaron con sus instrumentos a otra parte del bosque, pero estando en pleno ensayo, un perezoso colgado de una rama los interrumpió preguntando, "¿No tienen un lugar mejor donde ensayar?, tengo mucho sueño y no me dejan dormir".

Los músicos preocupados no hallaban donde ubicarse. De pronto el canario divisó una cueva y les dijo, "Oigan, muchachos, ¿qué tal si usamos aquella cueva para nuestros ensayos?

"Veamos si está limpia y desocupada", dijo el mono.

"Y si tiene la luz suficiente para ver nuestras partituras", añadió Judy.

Cuando ingresaron a la cueva, los animales le hicieron una rápida inspección y al notar que guardaba las condiciones, comenzaron a tocar.

Pero no había transcurrido mucho tiempo sin que unos agraviados murciélagos se presentaran diciendo, "Por favor, ¿podrían dejar de tocar esa música? Nosotros solemos dormir de día y salir de noche a hacer nuestras faenas, así que necesitamos descansar ahora".

La banda estaba muy preocupada. No encontraban un lugar tranquilo y apropiado para hacer sus ensayos. Tomaron sus pertenencias y se fueron de allí tristes y cabizbajos.

Iban caminando así, muy lentamente, cuando se les atravesó un mapache que les preguntó, ¿Qué les pasa muchachos? ¿Por qué están tan tristes?

"No encontramos un lugar para ensayar", respondió Judy.

Entonces el mapache les dijo, "Yo conozco un lugar donde podrían ensayar tranquilos, es un corral en una vieja granja abandonada, donde sólo quedan un perro llamado Tomas y una paloma a la que le dicen Daisy, quienes viven allí serenamente.

"¿Y no les molestará nuestra presencia?", preguntó Judy angustiada.

"No lo creo, ellos deben estar tan aburridos que de seguro se alegraran de verlos", respondió la paloma.

Todos se encaminaron entonces hacia la granja, donde por fin hallaron un lugar donde realizar sus pruebas. Permanecieron allí por varios días, ensayando todo el tiempo que podían, mientras el perro y la paloma que los escuchaban se divertían con la música y sus bromas.

"Y ahora que ya estamos listos y con varias canciones preparadas, ¿para quién cantaremos?", preguntó la ardilla.

"Creo que necesitan un nombre y un agente de publicidad", opinó convencido el perro.

"Oh, eso es muy cierto, señor Tomas, no habíamos pensado en eso", expresó Judy.

Tomas, emocionado, continuo diciendo, "¿Qué les parece el nombre de La banda del Bosque? Les elaboraré algunos anuncios publicitarios con ayuda de mi amigo el grillo, y Daisy se encargará de repartirlos entre los animales del bosque".

Luego de analizar la propuesta por unos segundos, Billy comentó pleno de satisfacción, "Nos encanta ese nombre para nuestra banda, señor Tomas y su idea publicitaria nos parece maravillosa".

Y así lo hicieron. El perro y el grillo tomaron varios contenedores de pinturas y pliegos de papel que hallaron en un depósito de la granja y con las palmas de sus patas elaboraron unos bellos anuncios publicitarios que la paloma Daisy se encargó de esparcir.

Luego de varios días comenzaron a llegar las contrataciones. La primera vino de Jack, uno de los murciélagos de la cueva donde la banda había intentado ensayar hacía varios días. Jack estaba de cumpleaños y necesitaba a alguien que amenizara su fiesta con música muy alegre.

El evento se realizó con todo éxito. Llovieron los aplausos, los bailes y las felicitaciones. El agradable sonido de la música que brotaba de la cueva se escuchó en varias partes del bosque. Muchos animales se acercaron curiosos, entre ellos la ardilla gruñona que les había reclamado hacía tiempo.

"Hola muchachos, mi nombre es Vilma y creo que les debo una disculpa", dijo la ardilla gruñona a los integrantes de la banda. Y luego añadió, "Yo estaba muy alterada aquel día porque recién había dado a luz a mi hija Carol y llevaba varios días sin dormir".

"No se preocupe señora ardilla, nosotros debimos cerciorarnos primero de que no hubiera nadie cerca para no molestarlo con nuestros ruidos", dijo Billy.

"Saben, los he escuchado tocar esta noche y creo que lo hacen estupendo, así que deseo contratarlos para que toquen en el cumpleaños de mi hija", expresó la ardilla Vilma.

"¡Que grandiosa propuesta! Será un honor para nosotros", exclamó Judy.

Esa noche, después de la fiesta de los murciélagos, la banda fue a descansar a la granja. Allí les contaron su experiencia a sus amigos Tomas y Daisy, quienes se alegraron inmensamente por su éxito y celebraron entusiastamente.

Bebe gorrión

Había una vez, en la profundidad de un bosque, una aldea habitada por gorriones, búhos, zorros, marmotas, ardillas, y muchísimos animales más. La llegada del otoño, siempre trae consigo mucho ajetreo y bullicio al pueblo animal. Todas las familias se empiezan a preparar para recibir el invierno. Mientras que las ardillas se dedicaban a recolectar comida, la familia de osos se encargaba de almacenar leña para evitar enfriarse durante la hibernación.

Sin embargo, había una familia a la que le tocaba la tarea más difícil. Los gorriones trabajaban más que cualquier otra especie de animal. Debían emigrar hacia el sur antes del invierno, ellos no eran capaces de sobrevivir las frías temperaturas, por lo que, regresarían a su hermoso bosque cuando todo estuviese cálido, en primavera.

La madre gorrión estaba recogiendo los juguetes de su hijo Paolo; los colocaba en un pequeño baúl para poderlos llevar en su largo viaje. Mientras guardaba el último juguete recordó que debía buscar algo.

"Paolo, espérame aquí. Olvidé mi manta de lana en el nido de la vecina. Lo iré a buscar y regreso de inmediato. Ten mucho cuidado con la manada de los lobos, no quiero que te vayas a ningún lado", le dijo a su pequeño polluelo.

Ante las advertencias de su madre, el pequeño Paolo no tuvo otra opción que sentarse en el nido y esperar a su madre.

El frio comenzaba a hacer estragos, por lo que, cuando la mamá gorrión fue con la familia de búhos, estaba tan cansada que decidió descansar un poco con sus vecinos.

Paolo esperó y esperó a su madre, pero cuando no regresó, inmediatamente pensó que la manada de lobos que había mencionado con anterioridad la pudo haber atacado, así que tomando una pequeña ramita con su ala que podría usar de espada para defenderse, tomó vuelo y se dispuso a encontrar a su madre.

"Mamá, donde quieras que estés te encontraré y salvaré", volaba y gritaba el pequeño bebé gorrión mientras buscaba a su madre.

Escuchó la voz de su madre desde lejos. Voló lo más rápido que pudo, y vio que su madre estaba tomando té en la casa de la familia de los búhos. En ese momento, Nuez y Pistacho, los hijos de la familia de las ardillas, se acercaron a Paolo.

"Ven Paolo, vamos a jugar a la pelota", dijeron al unísono.

Emocionado, el bebé gorrión gritó hacia el nido de los búhos donde se encontraba su madre.

"Mamá, estoy aquí, voy a jugar a la pelota con Nuez y Pistacho, enseguida vuelvo", advirtió y se fue con sus amigos.

Pero la mamá gorrión no escuchó la voz de su hijo, por lo que, cuando regresó a casa, estaba aterrorizada cuando no pudo encontrar a Paolo en su casa. Mamá gorrión llamó inmediatamente a Papá gorrión en su trabajo y empezaron a buscar a su hijo por todo el bosque, pero no pudieron encontrarlo. La pareja gorrión empezó a llorar, pensando que su pequeño e indefenso hijo había caído en manos de los lobos.

El frío estaba aumentando cada vez más, debían partir cuanto antes, por lo que, pensando que su hijo había muerto, la familia de los gorriones se dirigió hacia el sur muy tristes.

Cuando el pequeño Paolo se cansó de jugar a la pelota, volvió a su nido, pero descubrió que no había nadie en casa. El gorrión bebé estaba muy preocupado por no encontrar a sus padres. No pudo con la tristeza y se puso a llorar.

La cigarra que escuchó su llanto, le dijo, "Vives en un torbellino".

"Estaba jugando a la pelota con mis amigos, y cuando volví a casa no había nadie", respondió el polluelo.

"Tus padres han pensado que te habían devorado los lobos, por lo que partieron al sur. Pero no te preocupes cariño, ellos volverán a casa en primavera. Estarán muy felices cuando te vean sano" le dijo la cigarra.

Tomados de las manos, juntos se dirigieron a casa de la familia ardilla. La cigarra le contó toda la historia a la madre ardilla. Ésta estaba muy enojada con la situación del pequeño Paolo, mientras que Nuez y Pistacho estaban muy felices de que su querido amigo se quedase con ellos todo el invierno.

El bebé gorrión pasó todo el invierno en casa de la familia ardilla jugando con Pistacho y Nuez durante el día, y haciendo sus deberes en la tarde. Pero, cuando llegaba la noche, pensaba triste en sus padres, y lloraba en secreto antes de dormir

Cuando la nieve comenzó a derretirse, Paolo se pasaba mirando constantemente al cielo, esperando con entusiasmo que su familia regresara.

Los aromas de las flores empezaron a impregnar todo el bosque. Todos los animales empezaban a salir sus hogares. A través de la ventana, Paolo veía a los niños jugar con sus madres y padres con nostalgia. De pronto, en el cielo, vio a lo lejos como un grupo de aves se acercaban volando. Emocionado, empezó a gritar mirando hacia arriba, "¡Mamá! ¡Papá! ¡Aquí estoy!". Sin embargo, lamentablemente no pudo hacer oír su voz. La distancia era demasiado grande para que sus padres pudiesen oírlo.

Armándose de valor, Paolo empezó a batir sus alas, lo intentó e intentó, pero no podía despegar. Había pasado demasiado tiempo encerrado en casa de las ardillas sin poder volar por el frio.

Se dio cuenta que sus padres se estaban mudando de nido, por lo que realizó un último intento, y de repente empezó a volar. Voló con tanta rapidez que ni siquiera él se dio cuenta de lo bien que lo hacía.

"¡Mamá, Papá!, ¡Estoy aquí!, ¡Miren!, ¡Estoy volando!", empezó a gritar mientras se acercaba.

Mamá y papá gorrión se alegraron inmensamente cuando vieron a su ya no tan pequeño hijo. Habían pensado durante tanto tiempo que había muerto, que no cabían en su felicidad de poder verlo sano y salvo. Inmediatamente, entre lagrimas de alegría abrazaron a su hijo. Luego de todo lo vivido, Paolo prometió no volver a romper ninguna promesa.

El pájaro flautista

Hace muchos años, en un lugar muy lejano llamado Animalandia, habitaban animales que podían tocar instrumentos musicales. Cada uno tenía uno en especial. Los pájaros, conejos, zorros y osos, cada uno de ellos llevaba su instrumento a cada lugar al que se dirigiesen, y a cada minuto del día, entonaban bellas y agradables melodías que alegraban a todo el bosque.

En aquel lugar, vivía un pájaro flautista muy popular. Todos lo admiraban por su talento. El pájaro era el primer invitado a todas las fiestas del bosque y siempre animaba a todos a su alrededor entonando canciones maravillosas con su flauta. Cuando daba conciertos, los tickets se agotaban en instantes, y las personas se abarrotaban cerca de la entrada para poder admirar la gracia con que el distinguido pájaro manipulaba la flauta.

Una mañana, el pajarito se despertó como cualquier otro día. Se encaminó a su cocina para prepararse el desayuno, ese día se le antojaban unas tostadas con café. En su camino se llevó una gran sorpresa. Su flauta no se encontraba en su lugar de honor. Asustado empezó a buscar por toda su casa. No la encontraba debajo de los muebles, ni sobre las repisas más altas. Incluso la buscó dentro de la nevera, pero el resultado fue el mismo. Había desaparecido.

¿Cómo iba a poder interpretar sus bellas canciones? ¿Quién habría podido ser capaz de robarle su amado instrumento? Desconcertado se sentó en la mesa y descubrió que pisada con el florero se hallaba una nota. Entre sollozos el pajarito leyó su contenido.

"Hemos tomado tu flauta y no podrás tocarla nunca jamás. Serás la burla de toda Animalandia".

Al leer aquella nota, las patas endebles del pájaro comenzaron a flaquear, sintió un nudo en su garganta y no tuvo más remedio que inventar una gripe para poder justificar su ausencia en los conciertos que le esperaban aquel día.

Tras una semana de agonía y lento pesar, el pájaro decidió llamar a sus tres amigas las cacatúas.

"No lo podemos creer. Que crimen tan horrendo", exclamaron al unísono las cacatúas revoloteando de furia.

"Por favor, amigas, ayúdenme a recuperar mi flauta", sollozaba el pájaro con las alas en la cabeza.

"No queda otro remedio que buscarla en todos los rincones del pueblo. Incluso debajo de las piedras", dijo una de las cacatúas. Todos estuvieron de acuerdo con la idea, así que no perdieron el tiempo.

El pájaro se disfrazó de flor, una urraca de gusano, otra de cucaracha, y la última se disfrazó de roca, todo esto, para que el misterioso ladrón no se diera cuenta que eran ellos; y así salieron cada uno por su lado en busca de la flauta.

El pájaro vestido de flor visitó todos los teatros y los lugares donde tocaban los animales, pero ninguno de ellos tenía su flauta. Al cabo de los días, cansado de tanto buscar, el pobre pajarito se dio por vencido. "Esto es todo. No busco más", y dicho aquello se retiró a su casa para llorar de tristeza.

Mientras tanto, la cacatúa disfrazada de gusano visitó los talleres de instrumentos en busca de una flauta llegada recientemente. Sin embargo, anduvo por horas entre violines, pianos y tambores, y tampoco tuvo buena suerte con su búsqueda. "Me cansé de buscar", gritó quitándose el disfraz y volviendo a casa de su amigo el pájaro.

Del otro lado del reino, la cacatúa disfrazada de cucaracha tampoco pudo regresar a casa con buenas noticias. Tras largo tiempo visitando las tiendas y los mercados, no pudo encontrar a nadie que estuviese vendiendo una flauta, así que regresó por el mismo camino a casa de su amigo el pájaro.

Finalmente, la tercera cacatúa disfrazada de roca, se quedó inmóvil en un solo lugar del bosque, y aunque pasó largo tiempo sin probar bocado ni poder estirar sus alas, un buen día escuchó a dos topos que cuchicheaban atentamente escondidos en la hierba.

"¿Estás seguro de que nadie nos escucha?", preguntó el topo más pequeño.

"No te preocupes, estamos solos", contestó el segundo más gordo y viejo.

"Pronto echarán del reino al pájaro flautista porque no tiene su instrumento, Al fin logramos librarnos de ese presuntuoso animal", decían los topos riéndose en voz baja.

Pero, lo que no sabían aquellos pícaros era que la cacatúa disfrazada de piedra los estaba escuchando. Emocionada y desconcertada regresó rápidamente a casa del pájaro para contarle lo sucedido. Asombrados por lo que escuchaban idearon un plan para recuperar el instrumento. Tendrían que dirigirse a casa de los topos, esperar a que estos se quedaran dormidos, así podrían entrar sin ser descubiertos, y recuperar la flauta que tanto añoraba su dueño

Cuando cayó la noche, y tal como habían planeado, los cuatro amigos se colaron en la casita de los topos que roncaban y suspiraban sumidos en un profundo sueño. Después de andar un rato buscando la flauta, por fin la encontraron en un escondite secreto entre el librero y la pared, pero ya era demasiado tarde. Los topos se habían despertado con el ruido que hicieron al rodar el librero y habían trancado la puerta para que el pájaro y las tres cacatúas no pudieran salir.

Asustado y temeroso, el pájaro tuvo entonces una brillante idea.

"Tocaré mi flauta como solo yo lo sé hacer y las personas de todo el reino vendrán enseguida a rescatarnos", pensó.

Así que empezó a tocar una hermosa melodía. Las notas eran perfectas. Luego, como si el universo estuviese de su lado, una impresionante brisa esparció las agradables armonías del ave.

El sonido vibraba en todo el pueblo. Los habitantes, emocionados de escuchar el talento del pájaro flautista que había dejado de tocar por largas semanas, se levantaron de sus camas y corrieron rápidamente al lugar de donde proveía la música.

Pronto, la guarida de los topos se encontró repleta por los habitantes de Animalandia, quienes, al darse cuenta de lo que sucedía, rescataron al Pájaro flautista y sus tres amigas, las cacatúas.

Los topos fueron regañados y castigados por sus fechorías, y así, el reino de Animalandia, volvió a vivir sumido en la felicidad y buena música.

La mariposa blanca

Había una vez, una pequeña mariposa de grandes alas de un impecable color blanco. Estaba emocionada y feliz, pues, ese día realizaría su primer vuelo. Debía admitir que estaba nerviosa, pues no sabía que le depararía esa nueva aventura.

Posicionándose en el extremo de una firme y enorme hoja, empezó a agitar sus alas y partió vuelo, emprendiendo su odisea. Tras unos cuantos aleteos, una fuerte ráfaga de viento la hizo perder altura, precipitándola al suelo.

Aterrizó de golpe entre las hojas secas y piedrecillas lastimando su pequeño cuerpecito.

"Nadie me ha enseñado a volar", sollozaba desconsolada la pobre mariposa.

Una oruga que pasaba por allí, al verla llorar, se interesó por la causa de sus lágrimas.

"¿Qué te sucede mariposita?, ¿Por qué lloras?".

"Estoy triste y lastimada. Hoy intenté hacer mi primer vuelo y el viento me ha hecho perder altura y caer directo a la tierra, golpeándome el cuerpo y ensuciando mis alas", habló mientras dejaba caer lágrima tras lágrima, "Nadie me advirtió de los peligros que implicaba alzarse al viento, nunca más volveré a volar".

"Déjame darte un pequeño consejo", pidió la oruga.

"Es-está bien, te escucho", respondió la mariposa.

"No importa cuántas veces te caigas, tienes alas, así que vuelve a agitarlas fuertemente y sigue disfrutando de la magnífica gracia de volar. Anda, súbete en mí espalda y te llevaré hasta esa rama, donde podrás relanzar tu vuelo". Dijo la oruga.

"Gracias, pero no quiero hacerlo, me da miedo volar, lo más seguro es que volveré a caerme. Mejor me arrastraré por el suelo igual que tú". Contestó la mariposa.

"Naciste para volar mariposita, sino, no hubieses tenido esas grandes alas. Incluso yo que nací sin alas, sueño con volar un día", explicó la oruga con voz solemne, "No debes sentir miedo, no te arrastres, piensa en alto y usa tus alas, ya verás cuan sencillo se te hará. ¡Vamos, sube de una vez!".

"Está bien, me has convencido, volveré a intentarlo, sino sería ingrata con mi creador al darme alas y no utilizarlas".

La pequeña mariposa de alas blancas se subió a la espalda de la oruga, y ésta, trepó hasta lo alto de una rama del arbusto de al lado. Dejó a la mariposa en ella, y al ver que esta última no se atrevía a dar el salto para volar, decidió darle un pequeño empujón.

Gritando por el susto, la mariposa caía al vacio. Directo al suelo.

"¡Aletea mariposita! Mueve fuertemente tus alas y verás lo alto que llegarás", le gritó la oruga desde el arbusto.

Cerrando con fuerza sus ojos, la mariposa siguió su consejo, así que aleteó intensamente. Esperó golpearse contra el suelo, pero, al no recibir algún impacto, la mariposita abrió los ojos y se dio cuenta que estaba volando, a centímetros del suelo, pero volando. Emocionada voló más alto. Subió y subió hasta aterrizar en una margarita.

"Que maravillosa aventura. Muchas gracias, oruguita, de no ser por ti, nunca me hubiese atrevido a volver a volar. Te lo agradezco infinitamente", exclamó conmocionada la mariposa.

"No debes agradecer nada pequeña mariposa", se despidió la oruga.

En eso se escucha un pequeño estornudo. "Ashuuuu"

"¡Oh!, discúlpame florecilla. ¿Puedo descansar en ti?", preguntó avergonzada la mariposa.

"Claro que sí mariposa, me llamo Margarí, y sería un honor para mí recibir tal magnifica visita", contestó sonriente la flor.

"Perdóname por no preguntar antes", añadió sonrojada por la vergüenza la mariposa, "Eres verdaderamente hermosa, y déjame añadir que tu néctar es delicioso"

En este instante llega a la misma margarita una mariposa con grandes alas de colores. Excesivamente orgullosa de su majestuoso y colorido cuerpo.

"¡Uy!, ¿Qué te ha pasado para perder tus colores?, ¿El agua te destiñó? Jijijiji", preguntó con aire burlón la colorida mariposa.

"¿Mis colores?, ¿A qué te refieres?, ¿No soy igual de hermosa que tú?", preguntó extrañada y tristeza la pequeña mariposa.

"¿Igual de hermosa?, ¡Ja!, que risa me das. Tus alas son completamente blancas, las mías tienen muchos colores. Seguramente a ti nadie te observa, en cambio, cada vez que paso todos los ojos se vuelven para admirar la belleza de mis alas. Tu nunca serás hermosa", advirtió con soberbia, tras lo cual, volvió a emprender su vuelo.

"Snif... snif... no soy de colores, no soy hermosa, nadie me mirará", sollozaba la pequeña mariposa.

"Mariposita, deja de llorar. Que no seas de colores no quiere decir que no seas hermosa, simplemente eres distinta. Además, sino hubieses visto esa mariposa no te hubieses preocupado por el color de tus alas o por si eras o no hermosa. Yo tampoco soy hermosa como una rosa o un tulipán pero es porque no soy ninguna de esas flores, soy feliz siendo una margarita, porque así lo quiso mi creador, y aunque nadie me mire, las estrellas y la luna hacen con su luz que sea más hermosa. Mi misión es multiplicarme gracias a mariposas como tú que expanden mi polen. Así que tú también tienes una misión. Se feliz siendo una mariposa, volando de flor en flor, expandiendo el polen. Expandiéndonos por todo el prado", explicó sonriente la florecilla.

"Gracias Margarí, por enseñarme a aceptarme y amarme tal y como soy, sin pretender ser como los demás, pues solo puedo ser yo misma", comentó agradecida la mariposita.

"No debes agradecer pequeña mariposa", añadió la flor.

"Gracias a ti entiendo que debo ser yo misma, amarme y aceptarme, pues, no hay nadie como yo. Todos somos únicos", explicó la mariposita de alas blancas. "De ahora en adelante me encargaré de cumplir mi labor".

Así que despidiéndose, moviendo fuertemente sus alas, volvió a emprender el vuelo hacia otra flor, llevando el polen de la margarita aquí a allá. Su trabajo lo hacía cantando una canción, para que todo aquel que la oyese, aprendiera la misma valiosa lección que le había instruido Margarí.

"Soy feliz como soy, feliz siendo una mariposa que vuela de flor en flor. Cumpliendo mi misión, esparcir el polen es mi labor. Llenar el prado de flores es mi visión, para que sea tan hermoso como yo".

La tortuga Cloe

Había una vez una joven tortuga de agua, con apenas un año de edad. Su nombre era Cloe, y vivía en un enorme estanque junto a sus padres y otras tortugas. Dentro de él había algas, rocas, troncos donde podían tomar sol para calentarse y mucha arena en el fondo con la que podían jugar. Compartían el espacio ocho tortugas en total, quienes, a lo largo de los años se habían vuelto muy grandes amigas. Junto a ellas, en estanques diferentes, vivían tres ranitas y seis peces de hermosos y brillantes colores. Todos eran cuidados, atendidos y alimentados por el dueño de la casa, el anciano Richard.

Una mañana, la pequeña Cloe se despertó con un presentimiento. Sintió la enorme necesidad de conocer el mundo que la rodeaba, por lo que decidió partir en busca de aventuras. Así que, guiada por el impulso aventurero, se dispuso a salir de su hogar. Escaló las rocas que rodeaban el estanque, se aferraba con sus largas uñas para ayudarse a subir.

"¡No!, ¡No te vayas!, ¡Vuelve con nosotros!", gritaban sus padres y amigas tortugas.

Cegada por su impulso que exigía conociese el mundo exterior, Cloe no les hizo caso y cuando quiso darse cuenta, estaba ya a dos metros de distancia del estanque que era su hogar.

Miró a su alrededor; el jardín de la vieja casa estaba algo descuidado. El césped se encontraba algo seco, las malas hierbas crecían alrededor de todo el lugar, y no podía observar flores en ningún sitio. Cloe estiró el cuello todo lo que pudo y vio una vieja puerta de hierro al final de un camino de piedras. Se dirigió hacia el camino dispuesta a surcarlo hasta llegar a la cerca.

Una vez la pudo alcanzar, se dio cuenta de que ésta estaba cerrada con cadenas y un enorme candado. Mirando a su alrededor se percató de que no podía salir del jardín, ella era muy grande para pasar por entre los barrotes, por lo que Cloe, no le quedó otra opción que mirar hacia afuera a través de las varillas de hierro forjado que formaban la puerta. Se quedó estática suspirando, mientras pensaba.

"¡Caramba!, he hecho todo esto para nada, porque, no voy a poder salir de este jardín".

De repente, una liebre silvestre se acercó a la puerta y saludo a la tortuga Cloe.

"Hola", dijo la liebre.

"Hola, ¿cómo estás?", respondió Cloe.

"Muy bien", contestó la liebre, "Estoy buscando comida para mis adorados hijitos. Ellos están esperándome en la madriguera. No les permito salir siendo tan pequeños porque es peligroso para ellos, hay cazadores por esta zona. Yo soy bastante rápida y no me importa salir ya que tengo que dar de comer a mis pequeños. Los amo tanto, son todo lo que tengo", continuó hablando mientras sonreía.

La liebre pegó un ágil saltito y se alejó veloz por el prado para realizar su tarea.

Pasaron unos cuantos minutos y un ratoncito de campo se acercó a la puerta.

"Hola", dijo Cloe mirando al gracioso ratoncito, "¿Qué haces?".

"Hola", respondió el ratoncito, "Estoy jugando al escondite con mis amigos ¡Es tan divertido!, Me encanta jugar con ellos."

El ratoncito giró la cabeza hacia ambos lados y salió corriendo a esconderse bajo unos arbustos de hermosas hojas verdes.

Cloe siguió contemplando el campo a través de la puerta, pensativa, con la mirada fija en un viejo roble que había unos metros de distancia, en la vereda del camino siguiente, cuando de repente, vio caerse de una rama un pequeño pajarillo, éste intento volar pero sus jóvenes alas no conseguían alzarlo del suelo. El pajarito asustado se acercó a la puerta.

"Hola, ¿Por casualidad has visto a mi mamá?", preguntó tímidamente.

"Lo siento, no la he visto", respondió Cloe

"Tengo miedo", explicó el pajarito, "Quiero ir con mi mamá. Estaba muy cómodo en el nido con mis papas y mi familia", añadió suspirando.

Una linda pajarita de hermosos colores se acercó al pequeño pichón.

"¡Mama!", exclamó el pequeño, "¡Qué bien que estés aquí!, tenía miedo de no volver a verte", dijo mientras se acurrucaba entre sus plumas. La mamá del pajarito, amorosa y paciente, enseño al pajarito a mover sus alas bajo la atenta mirada de la tortuguita Cloe y casi de forma milagrosa el pequeño pajarito echó a volar y la pequeña tortuga vio como se dirigía al nido siguiendo a su madre.

A Cloe le invadió una gran melancolía. Pensaba en la valiente liebre dispuesta a poner en riesgo su vida para alimentar a sus pequeños hijos, recordaba lo feliz que se veía el ratoncito jugando con sus mejores amigos y suspiraba de alivio al saber que el pequeño pajarito estaba a salvo de nuevo en el nido con su familia.

De repente, Cloe giró la cabeza por encima de su caparazón, escuchando a lo lejos el ruido del agua al caer entre las piedras de su estanque.

"¿Donde voy a estar mejor que en mi casa con mis padres y mis amigos?", se preguntó, y girando su cuerpecito se dirigió de nuevo hacia el estanque.

Ayudándose con sus uñas, se encaramó por el pequeño muro de piedras que rodeaba el estanque y llegó a lo alto de una piedra desde donde se divisaba todo el interior del estanque. Sus padres estaban entre algunas rocas, unas de sus amigas estaban nadando en el agua y otras tomando el sol sobre los viejos troncos. Cloe los miro a todos feliz y sonriente.

"¡Estoy aquí!, gritó.

Las tortugas, ranas y peces se giraron sobresaltados, y al ver a Cloe se pusieron muy contentos. Los papás de Cloe lloraban de alegría, sus amigas hacían piruetas en el agua celebrando su regreso y los peces de colores batían sus aletas aplaudiendo.

"¡Qué bien que hayas vuelto!", gritaban todos felices.

La pequeña Cloe descendió por las piedras, se acercó a sus papás dándoles un sonoro beso y saltó al agua jugando feliz con todos sus amigos. Desde ese día Cloe supo que donde mejor estaba es junto a aquellos que la amaban.

Valerie la tortuga

Hace un tiempo atrás, en un pantano antiguo y maloliente llamado Ville, vivía una pequeña pero muy valiente tortuga conocida como Valerie, se hizo famosa en su comunidad porque tuvo que luchar en contra de una gran manada de malvados mapaches que querían destruir su hogar.

Una mañana, Valerie se despertó para cumplir con sus tareas diarias en la comunidad, pero algo estaba pasando, notó que sus amigos estaban un poco preocupados, por lo que decidió hablar con su amiga la iguana.

"Rossy, ¿por qué todos están tan angustiados?" a lo que ella le respondió, "Hay un rumor corriendo por las calles, se dice que una horrible banda de mapaches están buscando terrenos para desterrar a las criaturas que viven en ellos para construir una guarida solo para ellos".

Tras recibir esa terrible noticia, la astuta tortuga corrió hasta su casa e ingenió un plan para salvar todas las viviendas de su comunidad y proteger a todos de los malvados planes de los mapaches. Le contó a sus amigos lo que tenía planeado para conservar sus hogares y todos la apoyaron, los animales se encontraban molestos, nadie quería entregar sus hogares, por lo que decidieron defender lo que les pertenecía.

Después de pensarlo mucho, Valerie llegó a la conclusión de que la mejor forma de solucionar ese conflicto era ir por el camino de la paz, así que corrió hasta donde estaban sus amigos y les dijo, "Tenemos que hablar tranquilamente con los mapaches, no lograremos nada peleando, es la única manera de evitar una guerra", y su amigo Tom, el zorrillo, replicó, "¡Los mapaches son malvados, no quieren hablar con nosotros, solo piensan en ellos mismos!", todos apoyaban las palabras del zorrillo y Valerie pensó que no lograría convencer a sus amigos, pero luego de tanta charla, los animales aceptaron darle una oportunidad a su temerario plan.

A la mañana siguiente, un ruido muy fuerte y peculiar despertó a la tortuga, jamás había escuchado tal sonido, por lo que solo podía significar que los mapaches habían llegado a sus tierras.

Al asomarse por la ventana vio cómo todo estaba destrozado por culpa de estos malhechores mientras gritaban "¡Nadie nos detiene! ¡Tomamos lo que queremos cuando queremos!", Valerie salió corriendo lo más rápido de lo que su naturaleza le permitió y al mismo tiempo que intentó llamar la atención de los maleantes gritó.

"¡Deténganse! ¡Este es nuestro hogar!", los pequeños villanos de ojos pintados notaron su presencia y con un tono burlón le dijeron, "¿Cómo te atreves a desafiarnos? Eres muy insignificante ante nosotros", los mapaches dejaron de destruir todo y se acercaron a la indefensa tortuga, le dieron vuelta para burlarse de ella y mientras ella luchaba para ponerse de pie le dijeron, "No puedes hacer nada para que no tomemos tu hogar, hoy despertamos de buen humor, así que les daremos unos días para que salgan de este pantano y sino tendrán que enfrentarse a las consecuencias".

Luego de esto, los mapaches desaparecieron y los habitantes del pantano corrieron hacia donde se encontraba Valerie para ponerla sobre sus patas.

Finalmente todo regresó a la calma habitual que reinaba en Ville, así que sus habitantes decidieron arreglar las casas que los mapaches habían destruido. La triste tortuga estaba muy desanimada y como pudo arregló su casa sin ayuda de nadie, su amigo el zorrillo y su amiga la iguana se acercaron a ella y decidieron ayudarla, tras unos minutos en total silencio, Rossy le dijo "Valerie, ¿Qué podemos hacer? No tenemos a donde ir, esto es lo único que tenemos" mientras que su amiga de caparazón solo pudo responder, "Tranquilos, tendré una idea lo más pronto posible, nadie nos quitara nuestro hogar" y así regresó a su casita para poder pensar en un plan que ayudara a todos.

Pasaron los días, y los pobres animalitos volvieron a poner sus esperanzas en la pequeña tortuga, pero notaron que tenía tiempo sin salir de su casa, así que Tom se armó de valor para hablar con ella, caminó hasta su casa y tocó la puerta, cuando la vio le dijo, "Hola, Valerie, ¿Podemos hablar?", a lo que ella muy estresada le respondió, "¡Déjame en paz! ¡No quiero saber nada de ustedes!", le lanzó un zapato al pobre zorrillo golpeándolo en la cabeza provocando que por instinto soltara un gas tan apestoso que dejo a Valerie ciega por unos minutos.

En ese momento de debilidad, la tortuga astuta tuvo una gran idea, "¡Ya sé qué haremos!", y mientras abrazaba a su compañero, este dijo muy temeroso, "Valerie, lo que sea que estés pensado siento que será muy mala idea".

Valerie muy emocionada llamó a todos sus vecinos a una reunión importante, luego de explicarle a cada uno lo que tenían que hacer para defender su pantano, pusieron en marcha su plan: iban a rociarlos con el gas apestoso de zorrillo, con la esperanza de que fuera tan insoportable que no les quedara otra opción que no fuera irse de ahí corriendo y no volver jamás.

Los animalitos pasaron días ensayando cada uno de los pasos del plan para que todo les saliera a la perfección, no dejaron ningún cabo suelto, estaban totalmente seguros de que nada les podía salir mal, todo era perfecto así que Valerie confiada exclamó, "Nuestro plan es infalible, nada podrá salir mal muchachos, ¡Nadie nos quitará lo que nos pertenece!".

Días más tarde, la tortuga empezó a escuchar gritos afuera de su casa, el día había llegado, los mapaches ya estaban ahí destruyendo todo a su paso, así que todos empezaron a tomar sus lugares, se prepararon para empezar con el show.

Valerie con todas sus fuerzas le arrojó una roca al jefe de la banda mientras gritaba, "¡Ven a por mí! ¡No te tengo miedo!", al escuchar lo que le estaban diciendo, el mapache salió a por ella, sin saber la sorpresa que le esperaba, acto seguido apareció zorrillo como un rayo, dejando caer una nube apestosa sobre él.

Era tan asqueroso el olor, que ordenó la retirada de su grupo diciendo que nunca jamás regresarían a ese sucio lugar, así la tortuga Valerie y sus amigos lograron hacer su vida en su amado pantano, demostrando una vez más como el poder de la amistad puede contra todo.

El camello y el dromedario

En el desierto de Asia, se encontraba caminando el camello Rob, el cual andaba buscando a sus compañeros que habían salido muy temprano en busca del poblado más cercano. Rob no había salido a esa hora con ellos, porque estaba muy cansado y no se pudo despertar cuando éstos partieron.

Rob ya había recorrido bastante camino en su búsqueda, pero el desierto era muy grande y con mucha arena por todos lados, por lo que empezaba a desorientarse; pues al comienzo observó algunas huellas de cascos, pero más adelante la arena, al ser movida por el viento, las había borrado.

En esto, observó que algo se movía debajo de la arena, corrió hasta colocarse delante de lo que se desplazaba por debajo e hizo que se parará en seco, cuando chocó con su gran pata.

"¿Qué ocurre?, ¿Por qué obstaculizas mi camino?", preguntó una serpiente gruñona, al salir a la superficie a ver que bloqueaba su camino.

"Disculpa que te haya molestado en tu transitar pero estoy un poco desorientado y necesito tú ayuda", dijo Rob.

"¿Y cómo podría ayudarte, si siempre vivo metida bajo esta arena, ocultándome de este inclemente sol? Solo salgo de la arena en la noche para observar la luna, pues ella sí es de mi agrado, pero no el sol porque calienta mucho la arena", replicó el animal molesto.

"Lamento que el sol sea tan dañino para ti, para mí también es muy fuerte, aun cuando mi raza está adaptada para soportar su intensidad por largos períodos de tiempo. Pero igual, luego de cierto tiempo, nos agota y debemos buscar donde comer y beber agua", respondió Rob amablemente. "¿Y cómo te llamas?", concluyó diciendo.

"Me llamo Chuck, pero ¿Cómo podría ayudarte?" dijo el reptil, un poco más calmado.

"Mucho gusto en conocerte Chuck. Yo soy Rob. Ando buscando a mis compañeros pero no sé qué rumbo llevan, son muy parecidos a mí".

"Hace bastante rato escuché muchas pisadas cercanas, mientras iba debajo de la arena, pero no sabría hacia dónde se fueron, pues no suelo sacar la cabeza, sea quien sea que vaya pasando sobre la superficie. Así que no puedo ayudarte más Rob". Y se enterró nuevamente en la arena para ocultarse del sol.

Rob se quedó desanimado, pues la serpiente no podía ayudarlo mucho. No le quedó más que seguir caminando y caminando pero, sin tener un rumbo fijo, no lograba darle alcance a sus compañeros. Ya estaba muy agotado y a punto de caer tendido del cansancio, cuando de pronto observó en una duna de arena que alguien se acercaba.

"Hola, ¿Te encuentras bien?, ¿Te puedo ayudar en algo?", preguntó el recién llegado.

A lo que Rob respondió casi balbuceando, "Hola, ando buscando a mi manada, pero ya no me quedan fuerzas, pues tengo mucho tiempo de aquí para allá, sin comer ni beber".

"Tranquilo amigo, yo te ayudaré a encontrar tu manada, si así lo deseas, pero primero te llevaré a que comas y bebas agua. Por cierto, mi nombre es Kevin".

"Te lo agradezco Kevin, yo me llamo Rob", dijo bajando la cabeza.

"Resiste un poco Rob, sé de un lugar a donde te puedo llevar para que te reanimes y recobres tus fuerza", y se acercó para que Rob se apoyara mientras caminaban.

Rob tomando un poco de ánimo, levantó la cabeza y fue cuando pudo observar mejor a Kevin. Este era parecido a él pero tenía algo diferente en su espalda, por lo que le preguntó, "¿Qué le pasó a tu lomo Kevin?, ¿Dónde está tu otra joroba?, ¿Alguien te la quitó?".

"No me ha pasado nada ni a mí ni a mi joroba, solo que aunque sea muy parecido a ti, soy otro tipo de camello, llamado dromedario, y los de nuestra raza solo tenemos una sola joroba o giba, mientras que ustedes tienen dos", explicó Kevin, quien conocía del asunto.

"No lo puedo creer, nunca había visto alguien como tú, pues del lugar de donde vengo, todos son iguales a mí y tienen dos gibas como yo", afirmó Rob, olvidando un poco el cansancio.

Y Kevin dijo sonriendo, "Hace mucho tiempo, yo había tenido el placer de ver pasar por estas zonas a un grupo de tu raza, también quedé sorprendido por la diferencia en el lomo, pero uno del grupo me explicó lo que te he comentado".

Kevin siguió contándole sus experiencias y vivencias a Rob para que éste no desmayara mientras llegaran al lugar indicado por el dromedario. Luego de caminar bastante trecho, y de subir y bajar muchas dunas, divisaron un oasis.

"¡Ya estamos muy cerca amigo, resiste un poco más!", gritó Kevin, bastante aliviado, mientras que Rob hacía sus últimos esfuerzos por llegar al lugar.

Caminaron hasta el oasis, éste era hermoso, con muchos arbustos y palmeras, en el centro tenía una gran fuente de agua cristalina. En aquel maravilloso lugar, estaban alojados muchos animales y algunas personas habían construido sus viviendas. Pero Kevin no pudo apreciar el lugar por lo extenuado que se encontraba.

El dromedario llevó al camello Rob a la fuente para que bebiera un poco, luego comieron de la vegetación abundante que rodeaba el lugar. Pasado un rato, ya el camello con dos jorobas había recuperado energías y podía detallar mejor el lugar, quedando perplejo ante tantas maravillas de la naturaleza.

"¡Que hermoso lugar!, muchas gracias amigo por traerme hasta aquí y no dejarme tirado en la inmensidad de arena del desierto", dijo Rob, bastante animado.

Curiosamente, Rob evidenció la presencia de muchos dromedarios en el lugar, se acercó a ellos para detallarlos mejor y compararlos con su raza. Éstos lo invitaron, junto con Kevin, a correr por los alrededores y así celebrar su aceptación dentro de esa manada, pues los dromedarios eran muy cariñosos y amables.

Rob no cabía dentro de sí por tanta felicidad, al ser aceptado como uno más del grupo, sentía que había encontrado su verdadero hogar.

"¿Quieres quedarte a vivir con nosotros en este lugar?", preguntó Kevin alegremente.

Y toda la manada de dromedarios gritó al mismo tiempo, "¡Síííí, quédate con nosotros!".

Rob aceptó encantado, y desde aquel entonces fue el camello más feliz, rodeado de muchos dromedarios, dentro de aquel maravilloso oasis.

Las aventuras del pulpo y el cangrejo

El pulpo Ted vivía en el arrecife marino, dentro de una madriguera. Este arrecife coralino era hermoso y muy colorido. Había animales y algas de colores anaranjado, rojos, amarillos, verdes, azules, en fin, prácticamente todos los colores de la naturaleza.

Ted salió muy temprano en la mañana de su hogar y fue a nadar un rato. Nadó dentro de las algas y corales blandos que se movían al son de las olas. El día estaba bastante claro y el agua era muy cristalina. Luego de nadar durante media hora, decidió pasar a visitar a su amigo, el cangrejo Bryan; éste aún estaba durmiendo cuando Ted lo llamó,

"Levántate perezoso, sal a nadar para que te ejercites como yo, pues durmiendo tanto, tus articulaciones se van a endurecer y no te vas a poder mover".

Bryan, aun bostezando y medio dormido, dijo, "Es cierto, tengo tiempo que no me ejército, pero ya te voy a acompañar. Yo trotaré sobre los arrecifes y rocas, mientras tú puedes hacer lo mismo o sino nadas a mi lado".

Salieron y mientras Bryan trotaba, Ted alternativamente nadaba, trotaba y saltaba de un coral a otro. En el camino se encontraron con la langosta Tonya, que andaba también haciendo sus rutinas de ejercicios. Bryan y Ted la saludaron, mientras que ésta contestó, "Hola, únanse a mi rutina y así nos hacemos compañía. Pero deben saber que es largo mi recorrido".

"Encantados Tonya, así aprendemos un nuevo camino", convino Ted.

Cuando ya habían transitado un gran trecho, se toparon con una gran serpiente marina y esta intentó atacar al pulpo, Ted lo evitó con un movimiento brusco pero se enredó con unas algas que estaban cerca.

La serpiente se acercó hasta el pulpo, pero el cangrejo Bryan, al percibir el peligro, rápidamente dio un salto y le apretó la cola con sus grandes pinzas, por lo que la serpiente salió huyendo despavorida.

Tonya muy asustada, dijo, "¡Qué miedo me dio ese animal!, pensé que nos devoraría.

"Tranquila, ya todo pasó, fue solo un susto", dijo Bryan. "Ayudemos a desenredar a Ted de esas algas". Y fueron a ayudar a su amigo a salir de la maraña donde estaba metido.

Luego, para pasar el susto, Tonya los invito a su hogar y les brindó unos bocadillos. Después, los dos amigos salieron rumbo a sus hogares.

"Para adelantar un poco el camino, te puedo sujetar con dos de mis brazos, mientras nado con los otros seis", le sugirió Ted a Bryan.

"Me parece buena idea y así nos alejamos de este lugar, no vaya a ser que nos encontremos nuevamente con esa serpiente. Aunque dudo que se vuelva a aparecer, después que la sujeté fuertemente con mis pinzas", argumentó Bryan, muy convencido.

"Más vale prevenir que lamentar mi querido amigo". Lo tomó con sus largos brazos y empezó a nadar.

Pasaron cerca de una anémona donde estaba viviendo una familia de peces con rayas muy coloridas. Se pararon a saludar al pez más pequeño, ya que éste los estaba saludando amablemente.

Continuaron su camino y más adelante ayudaron a un caracol que se le había trabado su concha dentro de dos rocas.

"Muchas gracias, ya puedo seguir mi recorrido hasta mi hogar. Mis hijos deben estar esperándome para ir de paseo", dijo el caracol, al verse liberado.

"Dale saludos a la pequeña Judy. Luego paso a visitarlos", dijo Bryan, quien conocía a la familia de caracoles desde hacía tiempo.

"Con gusto", señaló el caracol y se marchó.

Ya se disponían a continuar, cuando Ted, con sus grandes y agudos ojos, divisó una sombra que se movía en el cielo. Inmediatamente, agarró a Bryan y se metió en la primera grieta que encontró dentro del arrecife, cubriendo al cangrejo con su cuerpo. Pero como la grieta no era suficientemente grande, parte de su cuerpo quedaba expuesta a la vista, por lo que tuvo que hacer uso de otra estrategia para ocultarse del águila: cambió su cuerpo de color, de forma similar al camaleón, quedando exactamente igual al color del arrecife donde se encontraba.

De esta forma, el águila no pudo divisarlos dentro del mar y siguió su recorrido volando hacia otros lugares.

"¡Eso estuvo cerca, amigo Ted! "¡Qué bueno que tengo como amigo al maestro del camuflaje!, celebró Bryan.

"Sí, los pulpos tenemos varias estrategias para escondernos y escapar del peligró, además somos muy inteligentes y con una gran vista", señaló Ted, muy orgulloso.

"Ojala yo también tuviera todas esas estrategias", dijo Bryan un poco afligido.

"No estés triste, tú también tienes como protegerte. Muchos quisieran tener esas enormes pinzas con las que lograste salvarme del peligro que corría cuando esa serpiente me acechó", señaló Ted muy complacido.

Continuaron nadando pero Ted se elevó un poco del arrecife, lo que atrajo la atención de un tiburón. Éste, se acercó y cuando intentó apresarlos con sus normes y afilados dientes, Bryan, que venía sujetado de una de los brazos del pulpo, gritó, "¡Cuidado Ted, un tiburón!".

Justo en ese momento, el pulpo soltó un chorro de tinta negra a propulsión, que confundió al tiburón y les permitió escapar, bajando inmediatamente hasta meterse en la madriguera de Ted, que ya estaba cerca.

"¡Uf qué animal más feroz, y con esa cantidad de dientes tan afilados, asusta a cualquiera!, ¡Qué bueno que pudimos librarnos de él!", suspiró Ted algo agitado.

"Es muy cierto Ted, ¿Puedes permitir que me quede un rato más aquí, mientras ese tiburón se cansa de esperar que salgamos?

"Por su puesto amigo Bryan, puedes quedarte el tiempo que sea necesario, hasta puedes pasar la noche aquí, así estaremos más seguros. Ven vamos a comer algo que tengo guardado aquí".

Luego de comer hasta saciarse, se asomaron a ver si aún estaba el fiero tiburón rondando por allí, pero ya se había retirado a otros lugares.

Muchos animales, que también se habían ocultado por lo sucedido, al ver salir de la madriguera a los dos amigos inseparables, se les acercaron diciendo,"¡Qué espectacular escape, nunca habíamos presenciado algo así!".

Lo que dio pie para que Ted y Bryan empezaran a contar sus otras aventuras que habían vivido mientras salieron a ejercitarse.

CPSIA information can be obtained
at www.ICGtesting.com
Printed in the USA
BVHW091408030521
606339BV00005B/765

9 781801 565929